SANDRA CARRESI

Dalla vetrata incantata

(Ciò che la penna ferma, il cuore raccoglie…)

Lulu Edizioni

Ringraziamenti

Un grazie particolare a Lorenzo Spurio per aver letto le mie poesie interpretando in un'analisi calzante, la mia penna e l'anima che la nutre.

Grazie anche alla mia amica e poetessa, Anna Maria Folchini Stabile, attenta lettrice delle mie poesie.

Grazie a Luca Coletta, redattore del sito www.raccontioltre.it su cui pubblico puntualmente, e luogo di "prima luce" per i miei lavori.
Grazie a tutti coloro che leggeranno…

SANDRA CARRESI

Bagno a Ripoli, 21 luglio 2011

Prefazione

A cura di Lorenzo Spurio

La liriche proposte da Sandra Carresi in *Dalla vetrata incantata*, sua seconda silloge di poesie, trasmettono una poesia fresca, diretta, che non ama fronzoli formali né la retorica, preferendo focalizzarsi sulla semplicità dei temi. Semplicità che non è mai sinonimo di banalità ma, al contrario, di qualcosa di bello perché puro ed innocuo. La raccolta si caratterizza per affrontare immagini e tematiche diverse fra loro che però, contrariamente a quanto verrebbe da pensare, non forniscono una visione disomogenea della silloge. La Carresi infatti, con la sua scrittura espressionistica, traccia pennellate di colore che il lettore ammira ed interpreta dalla sua prospettiva, riuscendo a coniugarle in un universo unico.

Curiosa e quanto mai verosimile l'immagine della donna che la Carresi tratteggia in "Donna" descrivendo appunto il genere femminile secondo una dimensione diacronica, nel tempo. La donna di ieri: messa a tacere, violata, dominata e quella di oggi, «dai tacchi alti», emancipata, progredita e compiuta. Ma il messaggio che la Carresi manda è doppio: nel passato troppe violenze si sono consumate nei confronti della donna ma anche nel presente si conservano forme d'imposizione, di diseguaglianza. Rispettare la donna, sembra suggerire la Carresi, è il modo più semplice per riconoscerci uomini, ossia esseri dotati di raziocinio. Ma l'universo femminile è onnipresente nella raccolta di poesie e lo ritroviamo nelle varie immagini della luna (la dea Artemide nella mitologia greca era associata alla luna e ad essa venivano offerti una serie di cerimoniali e complessi festivi; il ciclo mestruale è un ciclo lunare, la donna è dunque particolarmente legata alla luna), alla Terra concepita come Grande Madre, come Dea suprema e l'elogio alla primavera, stagione della rinascita, della fertilità e dell'avvio del ciclo vitale. Un affascinante omaggio a piazza Duomo di Firenze in un momento di festa è offerto in "In piazza fra curiosità ed allegria".

In questo piacevole viaggio che la Carresi ci fa fare ci sono anche ampi riferimenti al tema del tempo che passa, come il lento passare delle stagioni, e la suggestiva immagine di una persona che guarda il tempo ma ha perduto l'orologio (in "L'orologio"); importanti sono anche i temi della memoria e la rievocazione dei ricordi, che si configurano come una riappropriazione lucida dei tempi passati del nostro essere che solo nella nostra mente e nei nostri sogni prendono di nuovo forma nel "qui e ora".

Non da ultimo, la Carresi si mostra un'attenta osservatrice del mondo che ci circonda e riesce a trasfondere con la sua maestria lirica alcune delle problematiche sociali che ci riguardano da vicini: il futuro del pianeta, l'immigrazione, la precaria identità dell'Europa e gli italiani che sono troppo diversi tra loro ancora, dopo centocinquanta anni d'unità d'Italia.

LORENZO SPURIO

Jesi, 21 Luglio 2011

LA FESTA

E ricordava…
quella gonna sopra al ginocchio,
la frangia con i lunghi
capelli castani
ad incorniciare
quel sorriso
di pieno sole estivo,
al suo primo giorno
di lavoro.

Oggi…
la Festa per quella
Donna circondata
da amici, molti
compagni di una Vita
assieme, tra numeri,
fax e computer.

Quarant'anni di scrivania…

Poi, aria nuova
per dipingere la Vita,
prima che tutti i sogni
se ne volino via.

…Ed è quasi…
senza accorgersi
che, fra Terra e Cielo,
si è annullata ogni distanza.

DONNA

Universo enigmatico
del maschio.

Nel passato,
usata, posseduta, voluta,
rinnegata, protetta,
forse… amata.

Un cammino sui tacchi alti
in equilibrio ma
con sospiro e sorriso.

Hai difeso e conquistato
Il Mondo col tuo posto di lavoro.

Hai saputo fare la Donna, la Mamma
e la Sposa.

Qualcuna ha fatto pure la ciabattina,
trovando sempre chi,
compiaciuto col proprio Io,
esaltava la prodezza
dell'entrata nella scarpetta.

…Uomo…,
 non è una rivale,
è la tua compagna,
sappi conquistarla,
ma con l'intelligenza,
perché ti terrà testa.

CHI SONO

Respiro poesia,
un raggio di sole
mi nutre
baciandomi il viso
al mattino.

La luna, sorniona,
mi culla la sera,
materna e vicina
raccoglie emozioni
forti
dietro i miei occhi.

Il buio,
stellato o da
grosse nubi offuscato
seduce la mia immaginazione,
notte di sogno
in eterna meraviglia.

CHISSÀ SE

Chissà se gli gnomi
esistono sempre,

chissà se le lucciole,
le rondini,
le sirene,

esistono sempre...

Io, ho guardato il cielo
e ho visto,

sono scesa negli abissi
ed ho visto,

ho calpestato la terra umida
all'alba, ignara del freddo pungente

ed ho visto...

Ma questa Terra,
ora silenziosa

è quasi minacciosa
e promette solo
parole di fuoco.

Cercava pace
ed ha trovato solo
indifferenza.

FRAGILE

Fragile ma
costante il pensiero,
estenuante il tempo,
lento il passaggio
delle stagioni.

Vecchio
il mare e il cielo
eppure sempre
diverso.

Forte l'abbraccio
nel ricordo della
memoria.

Fragile il soffio
del giorno
che vaga nel
buio della notte,
trovando rifugio
nel bacio
di una stella.

GIOCO NOTTURNO

Dormivo,
sognavo
paradisi di stelle
e di mari,
voli alti e
tranquilli,
stanze con mille finestre,
aperte al verde dei prati.

Mondo con contorni
delicati, desiderati
e finalmente trovati,
poi...
improvviso sei arrivato
tu,
umide le mie labbra
al tuo tocco leggero,
al respiro
che da tempo conosco.

Rapido il risveglio,
la mia mano ti ha accarezzato
quel testone peloso e morbido.

Necessità immediata di coccole,
non chiedi permesso,
baci e vai.

Io non dormo più,
e tu russi già.

Giovani uomini

E' bello cogliere
quell'espressione di sogno, energia e capacità.

E' bello veder uscire fuori
la forza dei trent'anni,
percepire certezze per la Vita
stretta in una mano.

E' bello intuire
coraggio, lealtà, ansia,
emozione e vigore
nel pilotare
la propria realtà
per quel lavoro,
oggi merce rara,
ma unica verità
che all'Uomo dia dignità.

Dove conoscenza
e intelligenza,
raramente premiati,
rendono grigio
quel futuro, a cui tutti
abbiamo diritto.

Giovani Uomini
leali e capaci,
s'inventano idee
da poco realizzate.

GUFO REALE

Gufo Reale dalla grande apertura alare,
vieni a volare!

I tuoi occhi hanno il colore dell'oro,
le tue orecchie sono molto vistose,
Ti nascondi?
O sei forse
 diventato sedentario?

Nel tuo bosco esci
al tramonto e all'alba,
cercami…,
 sono io la tua preda!

Lo senti il mio suono
stridulo e fastidioso?
E' la mia autodifesa!

Lo so che sono vanesia
e batto le ali in modo particolare,
ma sono sacra alla dea Atena
e se vorrai volare…,
la luce, fra le fessure delle tue rocce,
potrai trovare.

IN PIAZZA FRA CURIOSITÀ ED ALLEGRIA

E' una delle più belle
Piazze del Mondo.

Migliaia di occhi,
di volti
giovani, vecchi,
colori diversi
eppure uguali,
uniti in momenti
di gioia,
curiosità
e antichità.

Il vecchio carro
al centro della Piazza,
poi, lo scoppio…

La colombina
s'è rotta.

Spettacolo di luci
sotto il timido
ma caldo sole
di Aprile.

Girandola
di fuochi colorati
s'innalzano in cielo come siluri
per poi debolmente
ricadere nel nulla…

Ma non c'è paura,

solo intesa di gesti
a chi non conosce la lingua.

Il carro brucia
fra sorpresa e meraviglia.

Ci sarà prosperità e forse.
anche serenità.

O… solo memoria
di arte e tradizione
condiviso in un giorno
col Mondo.

L'OROLOGIO

Guardavo il tempo
ed ho perduto l'orologio
d'oro…,
oggetto caro e di famiglia,
da sempre nel mio cuore.

Ci vuole tempo,
ci vuole tempo…,
ma quanto ancora?

Poi ho capito,
sono rassegnata,
 forse,
addolorata tanto.

In questa lunga via,
l'inchiostro mi ha fatto compagnia,
ma oramai,
so,
ch è volato via.

LA CASA DI VIA DEL MORO (FIRENZE)

Il volo di un giovane Falco,
il sole che esce da una casa
e riempie le fresche stanze
di una nicchia
nel centro storico.

Sei Tu
il giovane Falco
che porta il
suo spirito altrove
riempiendo quelle
stanze che odorano
di vernice e di legno,
di vecchio, di nuovo,
di allegra sostanza di vita.

Non sono dispiaciuta,
sono felice
che tu abbia
preso il timone
e governi
quello che un dì,
un amore,
ti donò.

LA COPERTA

Corta è la coperta
per questo Mondo
stanco e trafelato.

Ognuno l'attira a sé,
pensando al proprio
Io,
avvolgendosi, cerca riparo
dall'affanno.

Eppur,
le fronde degli alberi
son tante!

I mari, i fiumi,
potrebbero dissetare,
il sole,
saprebbe riscaldare,
la Terra,
dar da mangiare.

Ma ci piace sprecare…,
chissà se
ci sapremo ritrovare.

La limonata amara

Nessuno dovrebbe accontentarsi
delle verità mediocri.

Ogni disincanto
dovrebbe
accendere il fuoco
che esiste dentro di noi,
così da non essere sciagura
ma benedizione,
guardando sempre oltre,
nuotando per arrivare
ad una meta, senza
perdersi in labirinti
ristabilendo così
le verità al posto di comando.

Ogni processo di guarigione
per iniziare nel modo giusto,
esige la riapertura di
vecchie ferite,
condannando il panico,
esaltando il coraggio.

Così come una limonata amara,
può restituire il vigore,
di tutto l'ardore che si ha
per gli ideali di gioventù.

LA SPALLA

Quel letto
respiro di vita,
riposo di un sonno profondo
che allieta poi il giorno,
sorveglia la notte
al passaggio del giorno,
e mentre si scopre
la spalla
al sorriso di un sogno,
la mano leggera
ma forte,
la copre.

LIBERTÀ

C'è un Mare
antico che
parla di Storia,
di Sangue e d'Amore
e dà speranza
a chi avanza
in barche fatiscenti
affollate in
condizioni disumane.

Di là dal quel Mare
che cosa sperare?
In quel popolo generoso
che appartiene a quell'Isola
dove il Mare una volta
si chiamava
Mar di Sicilia?

Ma l'Italia è Una
e L'Europa,
non è forse Unita?

Libertà…,
profumo eterno
di Vita,
ma grande fatica
e duro lavoro,
correttezza, buon senso
e rispetto.

Libertà…,
non è per il solo pane,

ma per il pensiero tradotto
in parola.

Libertà…,
urla forte questa parola
la nuova fase storica
del Mar Mediterraneo.

L'IMMENSO

E' fresco questo letto
dove la Notte riposa
fra le braccia del Buio.

La Luna invidiosa
osserva oscurata
da una nuvola.

Una giovane stella curiosa
fa da lucciola nell'Immenso,
illuminando così,
l'amplesso da sogno.

Impertinente il Sole,
che facendosi spazio
al primo mattino,
trova in quel letto,
il caldo sudore
di consumata passione.

LUNA RADIOSA, LUNA OSCURATA

Luna radiosa
illumina il cielo stellato
di piena Estate.

Spettatrice della notte
ricca di musica, applausi
e di grande sintonia con l'allegria.

Poi, un'ombra maestosa
la fa diventare metà,
quale crudeltà!

Il cielo,
fra tante stelle,
non la riconosce!

Un rapace,
nel suo volo notturno,
maestoso
le sussurra:

ho lo sguardo acuto,
il cielo conosce
s'è perduto.
ma stanotte,
fra tante stelle
confuso…,
il Mondo,

L'URLO

L'urlo,
là oltre la siepe.

Agghiacciante,
isterico nel tremito,
non è di chi parte,
ma di chi rimane lì
ad affrontare
la scelta di ieri,
gioia sublime;
fatica e salita,
oggi.

I figli sono
per sempre.

Il cielo non ha
sempre stelle,

… un Uomo…
 dovrebbe saperlo.

MUSICA

Musica nella notte
dentro l'Arena
ancora calda
dal bacio del giorno.

Abbraccia la folla
danzante e
lì,
sotto le stelle,
riaffiorano emozioni lontane,
dolci e lievi:

mani intrecciate,
guance accarezzate,
baci sulle labbra.

Il cielo si colora
di fuochi e frastuoni
dai mille colori.

Gelati gustati dal cuore,
sciolti dal calore,
refrigerio nella gola.

L'anima si placa
e si bea.

La quiete tornerà sovrana
a notte inoltrata e
solo allora…,

il quartiere riposerà,

lasciando la danza frenetica
al cuore,
inebriato dal profumo
del proprio vissuto.

NOI DUE

Insieme dal primo mattino.

Tu, possente e guardingo,
Io, ancora sognante.

Lo cerchiamo per scaldarci,
il sole di Maggio,
prima che diventi solleone.

Mentre le tue narici frugano
il terreno,
Io mi avvolgo nel profumo di gelsomino
e delle rose curate nei giardini.

C'è sempre qualche merlo vicino,
ma anche qualche micino,
per questo stringo la presa
e mi presto a quel tuo gioco
che dà prova di forza.

E mentre il tempo rotola veloce
e l'età avanza,
io godo ...
di ciò che insieme,
ci stiamo regalando.

Un brivido mi avvolge,
ma non dolce
come il tuo primo
bacio del mattino,
è di rabbia se penso
a coloro che

il cane l'abbandonano,
forse non hanno
capito che l'Amore,
non dura...solo un giorno.

Papaveri agli angoli dei marciapiedi

Li ricordavo alti e delicati,
impermaliti dall' acquazzone
che quasi li distruggeva,
rendendoli fradici e impoveriti.

Adesso, mentre guido al mattino,
lì vedo lì,
 agli angoli dei marciapiedi,
a prendere la polvere, e
lo smog che offre la strada.

Il colore è sempre lo stesso,
ma lo stelo no,
è più corto,
molto più corto.

Probabilmente si sono dovuti abbassare,
per non farsi del male.

Hanno rinunciato alla loro ricchezza
a ciò che da sempre gli piaceva,
al campo,
 alla compagnia delle margherite,
al riposo delle farfalle.

Sempre povera cosa,
d'accordo,
ma si vede
che anche per loro,
la vita è dura,
e per sopravvivere,
nascendo dove capita,

hanno modificato
la loro natura.

Chissà,
se qualche volta
ricordano…,
quello che vedevano
dall'alto.

Perla di Primavera

Perla di Primavera
era attratta da Inverno.

Lo ammirava da sempre,
per i suoi colori cupi,
per quel silenzio ovattato,
per quel bianco candido,
ed anche per quella pioggia
fitta e gelida
che non era proprio
uguale alla sua,
ma diversa, entrava nell'anima,
e si riscaldava solo
al fuoco
di un camino.

Inverno, invece,
non la osservava neppure,
quasi non esistesse,
a lui piaceva Estate.

Perla di Primavera
triste e impoverita nell'anima,
si lamentò con Autunno,
il quale sorridente e allegro,
sventolando le sue
chiome ambrate e rossastre
le disse:

scegli me,
sono più allegro e vivace,
non avrai a soffrire,

lui ormai è vecchio e scheletrito.

Perla di Primavera,
ricca di rugiada e rosea
come una bimba
rispose:

lo so…,
ma è una Passione,
mentre Tu
sei l'Amore.

PENSIERO MALATO

Nato da un frutto d'Amore.
Sublimi sorrisi in crescita
sul Mondo.

L'interrotta gioia nel cuore
porta rancore, confusione,
fino a far crescer il
pensiero malato nell'animo.

Misero è l'uomo
senza il suo controllo,
sperduto in quel buio
del Danno più oscuro.

Unica piccola lanterna,
la Speranza…
contro l'orrore
vinto dall'Amore.

PRIMAVERA

Corre veloce la mia macchina
nella piana di campagna.

La Primavera è esplosa,
la si vede ai lati
con i prati verdi
macchiettati dai
rossi papaveri,
le bianche margherite
e la fioritura degli alberi.

Bellissimo il cielo di
azzurro uniforme.

Alti i voli degli uccelli
a tinteggiare quel cielo.

Poi d'improvviso
li ho visti…

Corse senza tempo,
né limiti,
liberi,
assieme nel prato
là dove è ancora
più alto.

Caprioli…
nel loro mondo
nuovo nei colori
e nei profumi,
forti, eppur…

amorevolmente teneri.

Forse non sanno
che nel mezzo
corre una strada
senza erba distesa
che può togliere la vita
anche in una
giornata di primavera.

SE...

Se potessi raccoglierei
la luce delle stelle
per illuminarti.

Passeggerei con Te
sulla riva del mare,
sulla spiaggia bagnata,
sedendoci su uno scoglio
a guardare le piccole onde
che schiaffeggiano i nostri piedi.

Se potessi ti regalerei la musica
di una conchiglia,
ma solo per farla giungere
al tuo cuore.

Mi sento un po' impotente,
respiro tant'aria
che potrei regalartela,
ma è un mio limite, pare.

Posso però raccontare
al cielo che i tuoi occhi
sono ancora più belli
di una giornata di blu,
e spero che ancora sorridano
al mio apparire.

Voglio sognare...,
di viverti nel tempo, vicino a me.

QUALCUNO HA NOTATO IL TUO CUORE

Hai saputo fermare il vento,
stringerlo in un abbraccio
e solo,
sussurrando parole antiche.

Hai baciato la luna,
in punta di piedi,
e Lei,
ha saputo arrossire
ancora una volta.

Hai volato alta nel cielo,
ma hai sempre
guardato indietro.

Hai amato la Terra,
sapendo che lì,
c'era la tua ricchezza.

Qualcuno ha notato il tuo cuore,
 si è emozionato nell'anima,
tanto da sceglierti,
per le ali di carta.

So che...

Di recente sei venuto
a trovarmi.

Ho trovato due piume
nel mio verde giardino.

Scusa,
non le ho raccolte,
ho trovato giusto
lasciarle lì,
è un luogo dove
il sole non batte,
e la pioggia non bagna.

Solo il vento
può portarti altrove,
ma non prima
che io ti abbia,
come sempre,
raccolto nel cuore.

Tramonti, misteri, segreti e speranze

L'abbraccio serale
del Sole
infuoca il cielo
tingendolo di arancio.

Promessa solenne
di un giorno nuovo.

Appuntamento antico
di un incontro,
che si rinnova
col respiro del Mondo.

E nel tepore di quei colori
il pensiero corre
alla tanta luce che continua
ad illuminare il Cielo.

A quel Sole,
che ha scaldato e arso
da sempre, il Mondo.

Alle Nuvole,
che bagnano continuamente,
la Terra.

Ai miei Tramonti...
vissuti aspettando l'Alba,
di una nuova Umanità.

UN AMICO

Si sentiva subito
appena apriva la porta di casa
l'odore del sigaro toscano.

Era il suo fedele compagno
impregnato nella sua
pelle di anziano,
lo sentivo
appena lo baciavo.

Scuoteva la sua testa
ancora ricciuta e ingrigita,
il naso dalle narici larghe
ed i denti radi.

Respiravo l'odore di Lui,
respiravo il sostegno
dell'immancabile amico;
chissà a cosa pensava
nei suoi lunghi silenzi,
dove ogni sospiro si univa al piacere
dentro l'intimità della sua casa
abbracciato dai suoi tanti ricordi.

Non ho mai chiesto,
ma per la morte prematura
di un figlio,
aveva lasciato
l'abitudine alle carte
e al cicalio della gente,
sostituendole alla silenziosa
compagnia del tabacco e

un bicchiere di whisky,
ai quali nelle giornate
malinconiche e di pioggia,
dietro i vetri della finestra
raccontava le sue verità.

ALLE MIE RAGAZZE

Adoro chiamarle così
le mie betulle,
incantata.
e impoverite
della loro folta chioma.

Non ho ancora tolto
il tappeto disteso
sotto i loro fusti esili
e argentati, a volte luccicanti,
dopo i temporali.

Qualche squarcio di sole
ha tinteggiato le foglie,
dal verde, al giallo e infine
al marrone,
ma l'erba…,
è ancora verde e nel
mezzo,
una macchia rossa,
la palla di Benny.

Fra i rami quasi spogli
i merli trovano riposo
e saltellano
in quel gioco rituale che amo
osservare.

Anch'io ero lì,
un attimo fa,
ma sono già qui
al calduccio

Ho visto crescere mio figlio,
da bambolotto di latte
diventare uomo.

Non ho mai pensato che
ciò fosse dovuto,
ma ho sempre sperato
di poterlo conservare
nel cuore e riassaporare
con gli occhi della mente.

L'ultimo soffio…,
un grido alla vita
per ciò che ho vissuto
e anche ottenuto,
poi…,
il volo.

VIVA L'ITALIA

Appartengo a questa Terra
giovane nei centocinquanta anni
di Unità,
ma antica,
se penso a Dante
come fiorentina.

Circondata da montagne,
colline,
da quel Mare Nostrum,
il Mar Mediterraneo,
grande protagonista
di questa nostra
nuova stagione storica,
navigato non da ricche crociere,
bensì da barche fatiscenti
affollate da migranti.

Terra unica, generosa,
chiassosa, riservata,
formata
 da venti Regioni,
 con tradizioni,
culture e dialetti
diversi,
ma oggi non solo…

Appartiene anche a Gente
che ha radici straniere,
ma italiana, perché
ci è nata.

L'Italia ha storia
lontana,
conquistatrice e conquistata,
parla di sangue,
 di passione,
d'amore,
e di arte.

Echeggia nell'aria,
in ogni colonna
e in ogni collina,
il profumo di storia.

Veniamo da un passato sofferto,
di fame, di guerra e di morte,
per questo sappiamo
comprendere.

Il cammino si presenta lungo
e ciottoloso,
ma è solo Insieme
che potremo procedere
per il nostro Stivale.

YOGA

Supina cerco il mio spazio,
trovo il mio posto
e mi lascio trasportare
dal respiro.

E proprio là,
nel basso ventre
ritrovo la mia sensualità,
non perduta né annullata,
solo addormentata.

La musica, sempre uguale,
mi fa compagnia,
inganna la mia testa
in una tregua quasi introvabile,
ed è il corpo
a muoversi libero,
spontaneo,
senza nessun comando.

Solo allora…, riesco ad ascoltarlo,
non nei suoi malesseri,
ma nell'esaltazione
della bellezza.

Adesso è la mente che osserva
e vaga nel viale dei tigli,
forse stordita ma non impaurita.

Di nuovo supina,
l'onda del mare trova
espansione nell'inspirazione,

cerco quell'energia
con cui non ho confidenza,
conosco invece tutti i nodi e intrecci
del tempo, di cui la mia mente
ne è eccellente contenitore.

Espiro, mi svuoto,
li ho cacciati via,
torneranno…
ma ho capito
che ho conosciuto
una nuova energia,
la mia.

ALTROVE

Mi lascio trasportare
da quel merlo impettito
nella magia di un
momento e di uno
spazio.

Altrove,
non so.

Là dove
la lingua è una sola
c'è pace e umiltà,
e le salite del tempo
sono sorrisi bellissimi
che danno luce alle stelle.

Là dove
tornare indietro
è faticoso.

A ritroso,
con un pizzico di angoscia,
seguo il percorso
del sole nel cielo

per infine tornare…,

a questa vita,
emozionante, generosa
e ricca di significato.

e osservo la vita
dalla vetrata,
ormai ingiallite
Uno sguardo, un soffio, un volo.

Ho visto il passaggio delle stagioni,
ho respirato le loro fragranze,
ho sentito lo schiaffo del vento
e il bacio del sole.

Ho visto il mare ed ho provato
a conoscere gli abissi,
ho avuto paura ed ho gioito.

Ho visto il cielo azzurro
trasformarsi in piombo.

Ho conosciuto l'Alluvione,
ho visto una città bellissima
sporcata dal fango dell'Arno impazzito
e dal pianto di chi perduto, ha poi ricominciato.

Ho visto angeli arrivare da ogni Terra,
aiutare la gente,
ho visto rifiorire il sorriso.

Ho parlato alle stelle ed
ho ascoltato le brutture
di un Mondo che non sa
più guardare, né ascoltare,
eppure,... ogni mattina
mi faccio accarezzare e spero
che possa continuare.

Sandra Carresi

Sandra Carresi è nata a Firenze nel 1952. E' madre e moglie. Ha lavorato quarant'anni occupandosi di contabilità e dal 2011 è una pensionata, il suo amore per la scrittura e la lettura nasce invece con lei.

Nel 2000 ha raccolto i suoi scritti in un elaborato dal titolo *Mi voglio raccontare*. Dal 2007 pubblica ogni due settimane racconti brevi e poesie sul sito www.raccontioltre.it redatto da Luca Coletta.

Ha pubblicato una raccolta di favole per bambini assieme a Michele Desiderato (*Battiti d'ali nel mondo delle favole*, 2008), una raccolta di racconti dal titolo *Non mi abbraccio, mi strizzo* (2009) e una silloge di poesie, *Una donna in autunno* (2010), su www.ilmiolibro.it, editoriale de *L'Espresso*.

info@sandracarresi.it
www.sandracarresi.it

INDICE

Ringraziamenti	3
Prefazione a cura di Lorenzo Spurio	5
La festa	7
Donna	8
Chi sono	9
Chissà se	10
Fragile	11
Gioco notturno	12
Giovani uomini	13
Gufo reale	14
In piazza fra curiosità ed allegria	15
L'orologio	17
La casa di via del Moro (Firenze)	18
La coperta	19
La limonata amara	20
La spalla	21
Libertà	22
L'immenso	24
Luna radiosa, luna oscurata	25
L'urlo	26
Musica	27
Noi due	29
Papaveri agli angoli dei marciapiedi	31
Perla di primavera	33
Pensiero malato	35
Primavera	36
Se….	38
Qualcuno ha notato il tuo cuore	39
So che…	40

Tramonti, misteri, segreti e speranze	41
Un amico	42
Alle mie ragazze	44
Viva l'Italia	47
Yoga	49
Altrove	51
NOTA BIOGRAFICA DELL'AUTRICE	53